Ulrich Schaffer   Erinnere dich an deine Kraft

Ulrich Schaffer

Erinnere dich an deine Kraft

Edition Schaffer im Kreuz Verlag

Erinnere dich an deine Kraft

Zuweilen leiden wir alle an Vergeßlichkeit. Not, Leid, Unglück haben die Tendenz, uns die Erinnerung an bessere Zeiten zu nehmen. Wir werden blind für unser Leben in seiner Ganzheit und sehen in notvollen Momenten nur das, was nicht geht.

Wir alle haben "Zeiten der Kraft" erlebt, Momente, in denen zwar die Angst uns zu erdrücken drohte, wir aber über uns selbst hinausgewachsen sind und einen Weg gefunden haben. Oder wir erinnern uns an Begegnungen mit Menschen, die uns verändert haben, oder an die Kraft eines innigen Gebetes, durch das wir uns gestärkt fühlten. Sich an die eigene Einmaligkeit, diese Unauswechselbarkeit zu erinnern kann uns Kraft geben, weil eine jede und ein jeder von uns nicht nur irgend jemand ist, sondern ein besonderer Mensch, den es noch nie gab und nie wieder geben wird.

Es gibt auch Orte der Kraft: eine Gruppe von Menschen, die uns zugetan ist, eine Landschaft, in der wir uns wohl fühlen, eine Erinnerung, die wir bewohnen können wie ein Haus. Es gibt Einstellungen der Kraft und Stärke: aus der Hoffnung zu leben, zu lieben anstatt zu verachten, zu entscheiden anstatt für sich entscheiden zu lassen, zu vertrauen anstatt zu mißtrauen. Es ist wichtig, daß wir uns an diese Quellen erinnern und uns mit unserem ganzen Wesen in ihren Kraftfluß stellen.

*Wir sind umgeben von Kraft.
Aus den Magnetfeldern der Erde,
aus den Strahlen der Sonne
und den Bahnen der Planeten
strömen Energien auf uns ein.
Ebbe und Flut verwandeln
in steter Kraft,
verteilt über Jahrmillionen,
die Haut dieser Erde.
Leben wird durch Energie erhalten
und durch Energie zerstört.
Der Tod des einen
ist das Leben des anderen.*

*Wir sind Teil
einer geheimnisvollen Gleichung,
Beteiligte an einem Kraftspiel,
das wir ein Leben lang versuchen zu verstehen.*

7

Auch in uns gibt es Kräfte.
Sie schieben und halten uns fest,
sie erdrücken und heben uns empor,
sie stählen uns und laugen uns aus.
Gleich neben unserem Drang
zum Leben lebt in uns ein Todestrieb.
Es gibt Stimmen,
die uns in die Tiefe einladen,
und andere,
die uns zur Oberflächlichkeit locken.
Sinn und Sinnlosigkeit sind zwei Kräfte in uns,
die nie aufhören miteinander zu streiten.

Wir schaffen diese Kräfte selbst.
Ein jeder und eine jede von uns
ist ein Universum in sich.
Wir sind die Energien,
die in uns stecken.
Wir sind das Spiel unserer Kräfte.
Unser Leben drückt aus,
wie wir mit ihnen umgegangen sind.

*Die Ausstrahlung
eines einzelnen Menschen
und die Stärke einer Gruppe
wirken auf uns ein,
und wir erwidern diese Energien
mit unseren eigenen.
Wir bündeln sie,
und gemeinsam sind wir noch stärker,
oder wir versuchen zu bestehen
und nicht unterzugehen
in der Kraft anderer.*

*Unter anderen
entdecken wir unsere eigene Ausstrahlung
und lernen mit ihr umzugehen.
Wir begreifen, daß wahre Stärke
von innen kommt,
aus der Tiefe unseres Wesens.*

Wir sind alle Zauberkünstler.
Es ist in uns gelegt,
die Welt um uns zu verwandeln,
indem wir die Welt in uns verwandeln.
Nicht was wir sehen,
sondern wie wir es sehen
bestimmt, was wir fühlen.

Der Schlüssel liegt in uns.

In unserer Entscheidungsfähigkeit
liegt die Kraftquelle für unser Leben:
ja oder nein zu sagen,
nach rechts oder links zu gehen,
allein zu bleiben oder nicht.

Auch das Schwere
ist nicht mehr so erdrückend,
wenn wir ihm entschieden begegnen.

Die Kraft liegt darin,
daß wir unser Leben wieder an uns nehmen
und die Verantwortung dafür tragen.
Es macht dich kraftlos,
dein Leben aus der Hand zu geben.

Wenn du entscheidest,
bist du frei.
Mit jeder Entscheidung
wächst deine Kraft.

Viel Kraft steckt darin,
den rechten Moment wahrzunehmen
und ihn zu nutzen.
Jedes Problem trägt in sich die Energie,
die wir brauchen, um es zu lösen.
Fragen und Antworten
bilden eine Einheit -
sie gehören zusammen.
In dem, was uns das Leben zumutet,
liegt gleichzeitig
das Vertrauen des Lebens zu uns.

Was dich ängstigt,
mobilisiert auch deinen Mut.
Was du nicht verstehst, appelliert genau
in dem Moment des Unverständnisses
an deine Findigkeit.
Deine Stärke liegt in deiner Schwäche,
wie das Gold in den grauen Schichten Lehms.

Wir versuchen, aber nichts gelingt.
Wir finden keine Worte, die überzeugen.
Es ist, als wenn wir mitten im Satz
schon aufhören könnten,
weil egal zu sein scheint, was wir sagen.
Es gelingt uns nicht,
unseren Plänen Leben einzuhauchen.

Und doch gibt es eine Verbindung zur Kraft
In unserer Erinnerung liegen
die Erlebnisse der Kraft
gleich neben den Erlebnissen der Schwäche.
Auf was wollen wir uns konzentrieren?

Erinnere dich an die Kraft,
die dir aus der bejahten Spannung erwuchs.
Weil die Enden eines Bogens
unter Spannung stehen,
hat er die Kraft,
einen Pfeil weit zu schießen.

Du bist der Bogen,
wenn du bereit bist,
die Spannung auszuhalten.
Und du bist der Pfeil,
der auf das Ziel zuschnellt.
Und du,
in deiner Entfaltung,
bist das Ziel.
In Stärke
schließt sich
der Kreis
in dir.

und ihrem Licht
erweckt sie Leben um uns und in uns.
Sie wirft nicht nur die Helligkeit eines Himmelskörpers,
sondern auch die Helligkeit Gottes auf uns.

Wenn du die stille Zuwendung eines Menschen
bewußt wahrnimmst
und sie nicht für selbstverständlich hältst,
wirst du dich daran erfreuen,
und Freude gibt Energie.

Die Zuverlässigkeit der Jahreszeiten,
jede mit den eigenen Formen und Farben
ihres Lebens und Sterbens,
sind Ausdruck einer Kraft, die sich in uns spiegelt,
in dem Auf und Ab unseres Lebens.
Unsere Jahreszeiten liegen eingebettet
in die Jahreszeiten der Welt.
Aus der Vorhersagbarkeit entsteht Kraft.

Ich höre das Schweigen des Waldes,
diese ausgedehnte, gefüllte Stille,
in der ich mich ausbreiten
und meine Kräfte entdecken kann.
In der Stille regeneriere ich mich.
In der Stille fügt sich zusammen,
was auseinandergeflogen war.
Die Weite einer Landschaft macht mich weit,
und mein Geist fliegt durch die Möglichkeiten,
die er in sich trägt.

Anfaßbar ist die Wahrheit,
und so wirklich wie dieser Baum,
wie jene Hand und dieser Kiesel.
Fest ist die Kruste der Erde
auch in den Erdbeben der Seele.

Sieh die Welt nicht als fertig an,
sondern als einen Prozeß,
an dem du beteiligt bist.
Spürst du, wie das Leben dich zieht
- deine Schöpferkraft ist gefordert.
Vor unendlichen Zeiten wurde die Erde geschaffen,
und sie wird täglich neu geformt,
und du und ich sind daran beteiligt.

Kraft wächst uns zu,
wenn wir begreifen,
daß wir in geheimnisvolle Zusammenhänge
eingebunden sind, ohne gefesselt zu sein.
Keiner von uns ist allein.
Die Kraft anderer ist für uns da.
Irgendwo auf der Welt
entsteht in diesem Moment Leben,
Lösung und Erlösung geschehen
und überwinden Trennungen,
die unüberwindbar schienen.
Und auch wenn wir davon nicht wissen,
wirkt das auf uns.

Dem spirituellen Leben
sind keine Grenzen gesetzt,
und die Kraft des Lebens
wirkt rund um den Planeten.
Uns fehlen manchmal die Augen
für diese Zusammenhänge.

Gerade aus dem Tod,
aus dem Wissen um das eigene Ende,
kann Kraft zum Leben entstehen.
Zu wissen, daß wir sterblich sind,
zeigt uns die Kostbarkeit des Lebens.
Auf der dunklen Folie
leuchtet auch der kleinste Farbtupfer.

Wenn du das Leben liebst,
wirst du immer wieder Wege finden,
den Tod in Leben zu verwandeln.
Es gibt nichts, in dem nicht Leben enthalten ist.
Manchmal ist es versteckt,
und dann wieder offenbar und überquellend.
Das Leben läßt sich finden.

29

Nur selten
geht es um das,
um das es zu gehen scheint.
Wenn es uns gelingt,
das Komplizierte auf seine einfache Form,
die allem zugrunde liegt,
zu reduzieren,
werden wir frei,
das Komplizierte einfach zu sehen.
Nur in dem Einfachen
hat das Komplizierte Platz.
In der Vereinfachung
wächst uns Kraft zu.
Und aus dieser Kraft
kommt Weisheit.

Ist etwas erst einfach geworden,
darf es wieder kompliziert werden.

Manchmal stärkt uns nichts so
wie die einfachen und natürlichen Dinge:
eine Knospe im Frühling,
die ihre Zeit weiß,
ein wiederkehrender Wandervogel,
der die Tausende von Kilometern
auf sich genommen hat,
um dort zu brüten, wo er zu Hause ist,
die Unaufdringlichkeit des schönen Wetters,
das unser inneres Klima verändert,
der Mut eines Baumes,
der sich mit seiner großen Krone
jedem Wind aussetzt und stattlich steht,
die Gelassenheit der Wolken,
in die wir unsere Anspannung abgeben können,
die Festigkeit eines Händedrucks,
die Entschiedenheit eines Blicks,
die grüne Stimme des Waldes,
das leuchtende Auge eines Teiches.

In ihnen allen steckt eine Kraft,
in die wir uns hineinstellen können.

*Geh hinaus in die Welt.
Verlasse das Haus
deiner altbekannten Gedanken.
Laß für eine Stunde,
vielleicht für einen Tag,
deine Freunde zurück,
deine Gewohnheiten, deine Berechenbarkeit,
und geh hinaus in die Welt,
weitäugig und offen für das Ungeahnte.*

*Du wirst entdecken,
daß das Neue, das du um dich siehst,
sich schon lange in dir vorbereitet hat.
Die Welt wartet mit ihren Wundern auf uns,
und gerade das befähigt uns
zur Verwandlung.*

Schlage deine Arme
um einen großen, alten Baum
und spüre die Energie,
die ihn durchströmt.
Ziehe mit ihr
durch die winzigen Haarwurzeln,
dann durch die Hauptwurzeln
hoch in seine Krone,
bis hinein in die Spitzen der Blätter.
Spürst du, wie er aus den Mineralien,
aus Wasser und Erde,
aus Licht und Luft
seine Blätter und Blüten gestaltet?
Auch wir können
das Einfache unseres Lebens verwandeln.
Am Ende brauchen wir nicht viel,
und das befreit uns und macht uns stark.

Kraft wächst uns zu,
wenn wir uns in den Fluß der Kraft stellen.
Es gibt Flüsse zum Leben
und Flüsse zum Tod.
Leben und Tod
beginnen in den kleinsten Bewegungen,
in dem Unscheinbaren,
in Blicken und Worten, die unwichtig wirken.
Stell dich hinein in die Bewegung,
die zum Leben hinfließt.

Längst weißt du,
wo das Leben dich einlädt,
warum hörst du nicht
und machst weiter die Todesbewegungen,
sprichst weiter Todesworte
und läßt dir die lebensnotwendige Kraft
Tag um Tag nehmen?
Warum?

Niemand macht es mit dir,
du selbst gibst dich in das, was dich zerstört.

Vielleicht kommt ja alle Kraft von Gott -
wer kann es beweisen,
und wer kann beweisen, daß es nicht so ist?
Wenn wir hören,
daß nichts ohne Gott entsteht
und nichts ohne ihn vergeht
und am Ende alles zu ihm führt,
dann ist er die Kraft,
die alles in sich vereint.

Aber wo ist dieser Gott,
und wie zeigt sich seine Kraft,
wenn nicht durch und in uns?

Glaube es,
wenn es dich stärkt.
Es ist dein Vorrecht,
dein Glück, dein Segen.

Erinnere dich an die Kraft!
Nicht an die vordergründige,
sondern an die,
die wie ein gewaltiger Strom
dein Leben von der Ewigkeit her
und zur Ewigkeit hin durchzieht.
Du bist eingebettet
in die großen Wellen der Zeit.
Du bist aufgehoben
in den Verwandlungen,
die keiner erklären
und keiner beschreiben kann.
Du bist nicht machtlos,
sondern in deinem Vertrauen
in das Leben entfaltest du dich.
Alles geht weiter und nimmt dich mit
in deine Vervollkommnung.
Traue dem Leben,
du bist in ihm aufgehoben.

Zu den Fotos:

Umschlag: Juniper (Juniperus occidentalis) bei letztem Sonnenlicht, Yosemire Park, California.
Vorsatzpapier: Strata im Felsen am Strand bei Carmel, California. Besonders faszinierte mich der fast kreisrund ausgewaschene Stein oben links.

7 Erosion auf dem Colorado Plateau, Utah, USA. In diesem Gebiet habe ich schon viele Tage zugebracht und bin immer wieder überrascht über die Vielfalt der Formen und Farben.

9 Kaktus (Echinocereus engelmannii), Arizona, USA.

11 Sonne fällt durch eine Buche, auf dem Schauinsland bei Freiburg im Breisgau. Wenn die Sonne absolut zentriert durch eine Öffnung fällt, ergibt sich ein gleichmäßiger Stern.

13 Lichteffekte in einem kleinen Bach in der Nähe von Cataviña, Baja California, Mexiko. Die Wellen konzentrieren das Sonnenlicht auf dem sandigen Bachboden.

15 Eine Bristlecone Pine (Pinus longaeva) in den White Mountains in California. Diese Kiefern gehören zu den ältesten Lebewesen auf dem Planeten. Sie werden über viertausend Jahre alt. Ihre ganze Gestalt ist für mich der Inbegriff des Willens zu überleben.

17 Sand Verbena (Abronia villosa) und gänseblümchenartige Blumen (Perityle emoryi) in der Vizcaiño Wüste, Baja California Sur, Mexiko. 1995 gab es eine ungewöhnliche Blüte in der Wüste, wegen des vielen Regens zur rechten Zeit. Ich fotografierte hier drei Tage lang mit einem Freund die Kakteen und Blumen, oft knietief in ihnen stehend. Am letzten Tag stieß ich gerade da auf eine

21 Sandsonnenblume (Helianthus anomolus) am Eingang zum Brimstone Canyon im Escalante Gebiet in Utah, USA. Diese Blumen behaupten sich unter den schwierigsten Bedingungen. Manchmal werden sie vom Sand ganz zugedeckt.

24/25 Neuschnee über dem St. Mary Lake, Glacier National Park, Montana, USA.

27 Arch, Felsenbrücke, im Willow Canyon, Escalante Gebiet, Utah, USA.

29 Untergepflügter Raps, Oberkessach, Gemeinde Schöntal. Aus dem Tod entsteht Leben.

31 Morgentau auf einer Rock Daisy (Perityle emoryi) zwischen Gräsern, in der Vizcaiño Wüste in Baja California Sur, Mexiko.

33 Herbstfarben über einem Bach, Deutschland.

35 Espen, am Fuß von Mt. Timpanogos, Utah, USA.

37 Espen gegen den tiefblauen Himmel im Cariboo Gebiet, in British Columbia, Kanada.

39 Gewitterstimmung über dem Escalante Gebiet, Utah, USA.

41 Ziehender Herbstnebel über dem Schwarzwald, in der Nähe von Hofsgrund.

42/43 Espen gegen dunklen Berghang, bei Clinton, British Columbia.

45 Abendstimmung auf Vancouver Island, British Columbia.

Einen Sinn finden

Unsere Zeit ist gekennzeichnet durch eine Konzentration auf das Negative. Die Medien überschlagen sich, uns das Kaputte und Entleerte zu präsentieren. Bei vielen herrscht eine Hoffnungslosigkeit, die bis in die kleinsten Regungen reicht. Vieles ist angefressen von einer Skepsis, die nichts mehr ernst nimmt und unsere Fähigkeit, zu vertrauen, nur belächelt. Viele scheinen keine Werte zu haben, für die es sich zu leben lohnt. Die Institutionen, in denen wir uns entfaltet haben, sind durch viele Enttäuschungen unglaubwürdig geworden. Ein aggressiver und oft brutaler Ton hat sich unter uns breitgemacht.

Aber so können wir nicht leben, nicht auf Dauer. So höhlen wir uns selbst aus. Viele suchen Zuwendung, erfüllte Werte, spirituelle Zusammenhänge, um leben zu können. Diese Suche möchte ich mit dieser Buchserie unterstützen. In Texten und Bildern und in der ganzen Aufmachung will ich versuchen, Mut zu machen, einen Sinn zu finden, Werte zu setzen, sich zu öffnen für die vielen Wunder, die es in uns und um uns gibt. So wie es große Wut und Zerstörung gibt, so gibt es auch Liebe und Sanftmut. Für jeden Mörder, von dem wir hören, gibt es hundert oder gar tausend Menschen, die in ihrer Liebe, Opferbereitschaft und Zartheit über sich selbst hinauswachsen und Leben schaffen. Auch das ist eine Wirklichkeit dieser Welt, die wir aktiv verstärken können.

Weitere Bände dieser Reihe

Du bist einzigartig

Fast überall auf dem Planeten gibt es uns Menschen. Wir werden abgezählt, Gruppen zugeordnet, hochgerechnet. Dabei ist jeder von uns einzigartig. Wie finden wir zu uns selbst und zueinander?

Erinnere dich an deine Kraft

Wir alle haben „Zeiten der Kraft“ erlebt, Momente, in denen wir über uns selbst hinausgewachsen sind und einen Weg gefunden haben. Wie können wir uns an die Quellen der Kraft erinnern?

Was uns verbindet

Viele Menschen fühlen sich allein und verlassen. Oft sehen wir aber die Beziehungen, in denen wir stehen und die sich darüber hinaus anbieten, einfach nicht. Wie können wir sie erleben und den Reichtum, den sie bieten, erschließen?

Wege in die Weite

Das Leben lädt uns ein in die Weite. Es gibt eine fast unendliche Zahl von Wegen, die wir gehen können. Wie finden wir Zugang zu der Wahrheit, die hinter der faßbaren, vordergründigen Wirklichkeit liegt?

Ulrich Schaffer

Ich wurde 1942 in Pommern geboren. Nach dem Krieg wohnte unsere Familie bei Bremen, bis wir 1953 nach Kanada auswanderten. Wir wohnten zuerst in der Prärie Albertas und zogen 1955 in den Norden von British Columbia. Dort ging ich zur Oberschule, in einem Ort, umgeben von Wildnis. Dieses Erlebnis von ursprünglicher Landschaft wurde zu einem wichtigen Bestandteil meines Lebens. Immer wieder zieht es mich zurück in Landschaft, die menschenarm ist.

Von 1961 bis 1970 studierte ich deutsche und englische Literatur und arbeitete anschließend als Dozent an einem College bei Vancouver. Seit 1981 bin ich freier Schriftsteller und Fotograf. Mich reizt es immer wieder, Wort und Bild zusammenzubringen. Schreiben und Fotografieren ist für mich eine Orientierungshilfe. Ich schreibe über das, was mir wichtig ist und was ich selbst lernen will. Ich schreibe darum nicht aus einer Abgeklärtheit, sondern als ein Beteiligter, als jemand, der seinen Weg sucht und sich auf diesem Weg mit anderen verbunden fühlt. Seit 1965 bin ich mit Waltraud verheiratet. Wir haben zwei erwachsene Töchter, Kira und Zilya. Vieles in meinem Leben entsteht auf dem Hintergrund dieser und anderer Beziehungen.

Die schönsten Bilder des Jahres

Wunderschöne Naturfotos mit ausdrucksstarken meditativen Kurztexten.

„Es gibt innere Bilder, nach denen ich in der Welt um mich suche. Ich suche nach Entsprechungen zwischen innen und außen. Wenn mir die Verbindung besonders gut gelingt, weiß ich, daß ich wieder ein Kalenderbild gemacht habe. Die besten Bilder des Jahres wandern in den großformatigen Kalender“.

(Ulrich Schaffer)

Die Deutsche Bibliothek - CIP-Einheitsaufnahme

Schaffer, Ulrich:
Erinnere dich an deine Kraft / Ulrich Schaffer. - Stuttgart: Ed.
Schaffer im Kreuz-Verl., 1996
ISBN 3-7831-1471-3

3 4 5 99 98 97 96

Postfach 80 06 69, 70506 Stuttgart, Tel.: 0711 / 78 80 30
Texte, Fotos und Gestaltung: Ulrich Schaffer
Aquarellierte Initiale
und graphische Beratung: Friedrich Peter
Umschlag: Friedrich Peter und Ulrich Schaffer
Layout: Ulrich Schaffer, unter Verwendung
des Software-Programms QuarkXPress
Autorenfoto: Jack Dykinga
Schrift: Galliard
Reproduktionen: GRS, Ludwigsburg
Merkur-Druck Mayer, Ostfildern
ISBN 3-7831-1471-3

Nov. '96
S.W.